LE
CHANSONNIER
PARISIEN

PARIS
LIBRAIRIE POPULAIRE

LA CHANSON PARISIENNE

Imprimé par Charles Noblet, rue Soufflot, 18.

LA
CHANSON PARISIENNE

RECUEIL

DES MEILLEURES COMPOSITIONS

DE NOS

Poètes lyriques contemporains

PARIS
RENAULT ET Cie, LIBRAIRES-ÉDITEURS
RUE D'ULM, 48

1864

LA
CHANSON PARISIENNE

LE COIN DU FEU.

Air de *Demoiselle et Grisette* (MARQUERIE.)

L'automne a vu tomber ses couronnes jaunies,
Frimaire a déchaîné ses autans familiers;
De nos derniers beaux jours les courses sont finies,
L'oiseau s'en va chercher des cieux hospitaliers.
Adieu, chanteurs joyeux qui charmiez les prairies,
Soleil, miroir brûlant, foyer du pauvre, adieu!...
Amis, le froid nous gagne, à nous les causeries,
Et les longs soirs d'hiver qu'on passe au coin du feu.

L'Angelus a sonné l'heure de la veillée,
Les fuseaux ont frappé les échos babillards;
La jeunesse est debout et l'enfance éveillée,
Prête déjà l'oreille aux récits des vieillards.
Chacun répond, fidèle à ses amours chéries,
Aux appels du travail comme aux appels du jeu...
Amis, l'âtre pétille, à nous les causeries,
Et les longs soirs d'hiver qu'on passe au coin du feu.

Tantôt, c'est un vieux conte où paraissent des fées
Dans quelque beau palais qui charmait les passants,
Tantôt c'est une histoire aux glorieux trophées,
Un fait d'armes ancien, quelques succès récents,
Ou c'est un saint martyr aux mains endolories,
Un héros dont parfois le pays est l'enjeu...
Amis, la neige tombe, à nous la causerie,
Et les longs soirs d'hiver qu'on passe au coin du feu.

O'en passé qu'on regrette, hélas! les chants sont vastes,
O. peut y reposer un œil aventureux;

L'esprit voit de beaux jours, des souvenirs, des fastes,
Des débris oubliés qui nous rendent heureux.
En vain pour revenir sur ces routes fleuries,
On tente un dernier pas, on fait un dernier vœu...
Amis, on vieillit vite, à nous les causeries,
Et les longs soirs d'hiver qu'on passe au coin du feu.

Mais le présent nous reste, utilisons ses charmes,
Gardons-nous d'épuiser la coupe des plaisirs ;
Le malheur un matin nous trouverait sans armes,
Et l'amour près de lui nous verrait sans désir.
Pour rajeunir encor nos guirlandes flétries,
Les printemps reviendront sous le souffle de Dieu...
Amis, la cave est pleine, à nous les causeries,
Et les longs soirs d'hiver qu'on passe au coin du feu.

IVONNE.

Air de

Comme un ange, Ivonne était belle,
Fleur moissonnée en son printemps,
De qui j'ai reçu les serments,
L'espoir d'une joie éternelle ;
Pour elle je vais, soucieux,
Prier souvent au cimetière,
Ange qui préféra les cieux
A l'enfant plaintif de la terre.

Rêve d'amour,
Viens chaque jour,
Je veux pour ranimer mon âme
Caresser son doux souvenir,
Sourire à son regard de flamme,
La voir, l'aimer et la bénir,
Et la bénir.

Un soir devant la croix de pierre
Qui protége le vieux sentier,
Couvert des fleurs de l'églantier,
Nous mêlions dans une prière
Et nos serments et notre foi ;
Elle me dit de sa voix tendre :
Je jure de n'aimer que toi
Devant Dieu qui seul peut m'entendre.
  Rêve d'amour, etc.

Comme une fleur à peine éclose
Que le vent au souffle inhumain
Effeuille au bord du grand chemin,
Elle tomba la jeune rose.
Mourante... ses beaux yeux d'azur
Me cherchaient... ô blanche colombe,
Et je vis son front blanc et pur
Se pencher vers la froide tombe !
  Rêve d'amour, etc.

Souvent dans ma pauvre bruyère,
Quand sonne l'heure de minuit,
Et que l'astre au dôme obscur luit,
Je vois mon Ivonne si chère
Qui descend du trône éternel,
Me dire : Ivan... toujours je t'aime,
Quitte la terre pour le ciel,
Pour toi sera mon diadème.
  Rêve d'amour, etc.
    Georges LENIEPT.

DAME RAYMONDE.

Air : *La queue emporte la tête* (L. Festeau).

Dame Raymonde, vos beaux yeux
Suivent les guerriers dans la plaine,

Ils ont tous reçu vos adieux,
Et salué leur châtelaine.
Pourquoi ce cri qui fend les airs ?
Quelle tempête au cœur vous gronde?
Seule, sur vos remparts déserts,
   Vous pleurez, dame Raymonde. *bis.*

Point ne pleurez pour votre époux
Qui part en si bel équipage ;
Dame Raymonde, pleurez-vous
Pour Raoul, votre gentil page ?
Oh ! que l'oreiller du tombeau
Serait froid pour sa tête blonde!
Il est si jeune, il est si beau...
   Vous tremblez, dame Raymonde.

L'ennui vous suit dans votre tour,
Sur le préau, dans la chapelle ;
Voici venir un troubadour
Dont la douce voix vous appelle.
Quel rayon dans votre âme a lui,
Quelle espérance vagabonde ?
Ouvrez, ouvrez... si c'était lui ?...
   Vous aimez, dame Raymonde.

C'est bien lui, son déguisement
N'a pas trouvé votre œil sévère ;
Grâce aux ruses d'un cœur aimant !..
Allons, chantez, joyeux trouvère ;
Mais au rempart le son du cor
Soudain rassemble tout le monde,
Et pour vous seule il chante encor!
   Vous péchez, dame Raymonde.

Raoul vous contemple à genoux,
Oublieux, tant amour l'enflamme,

Que ta paix ramène un époux...
Pouquoi pâlissez-vous, madame?
Qu'avez-vous vu sur le rempart?
C'est le comte qui fait sa ronde!
Las, au retour comme au départ,
 Vous pleurez, dame Raymonde.
          Victor RABINEAU

LES VENDANGEURS.

Air : *Ah! qu'il fait donc bon cueillir la fraise.*

Ah! qu'on doit aimer, qu'on doit aimer cueillir
    Toujours sans façon,   [la grappe,
     Fille et garçon, *bis.*
Là, l'esprit s'acquiert, l'esprit s'acquiert, le cœur
    Grains de suc chargé,   [s'attrape;
     Minois légers
     Sont vendangés!
Ah! qu'on doit aimer, qu'on doit aimer cueillir
    Toujours sans façon,   [la grappe,
     Fille et garçon, *bis.*

Aux bourgeons touffus la vigne en rameaux se
    Montrant pleins et lourds   [balance,
    Ses beaux fruits d'or et de velours;
Des gais vendangeurs la foule en mille endroits
    Cherchant à loisir   [s'élance,
    Et du bonheur et du plaisir. *ter.*
        Ah!
    Ah! qu'on doit aimer, etc.

Par couples joyeux, le flot vigneron s'éparpille,
    Tout haut s'ébattant,
    A chaque cep garni goûtant :   [grapille,
L'ivresse et l'amour font leur chemin lorsqu'on

Les grains de gaîté
Dévoilent les grains de beauté.
Ah!
Ah! qu'on doit aimer, etc.

De tous les côtés une Jeannette et son Jérôme,
D'un regard charmant
S'enivreront en ce moment;
Plus d'un fruit vermeil peut en dépit de son [arôme,
Se voir écraser
Pendant l'échange d'un baiser.
Ah!
Ah! qu'on doit aimer, etc.

Comme il faut que l'on aime et que l'on rie et que [l'on chante,
Comme les bons vins
Produisent des effets divins,
Soignons les auteurs de ce nectar qui nous en- [chante,
Vendangeons toujours,
La vigne enchante les beaux jours.
Ah!
Ah! qu'on doit aimer, etc.

Hippolyte DEMANET.

LE FIANCÉ DE LISA.

Air du Retour du soldat.

Chanté au théâtre de la Gaîté dans *les Cosaques.*

Près de partir où la gloire l'appelle,
D'abandonner les objets qu'il aima,
Un preux soldat, sur la pierre fidèle,
Traça ces mots pour la belle Lisa :

Adieu, je pars, et je quitte la France,
Pour la Turquie un ordre souverain
Au champ d'honneur engage ma vaillance;
Je vais mourir ou vaincre le Russien.

Dès qu'un rayon de la brillante aurore
Aura blanchi le faîte de mon toit,
Je serai près du drapeau tricolore,
Qui nous guida dans nos nombreux exploits;
Le souvenir de vingt années de gloire
Fait tressaillir mon cœur. Ah! tu comprends
Qu'on peut quitter l'amour pour la victoire,
Quand c'est l'amour qui marche dans nos rangs.

Ah! ma Lisa, promets-moi quelques larmes,
Si j'expirais sous le fer d'un Russien;
Souviens-toi bien que dans le champ des armes,
Je combattis pour mériter ta main;
Dis quelquefois à la nuit solitaire
Tendre romance exprimant la douleur,
De ton fiancé, couché sur la poussière,
Conserve bien l'image dans ton cœur.

VACHEROT.

CAMILLE.

Air des *Fraises*.

Dans mon p'tit logis, gaîment je vis,
 Foi de Camille;
 Sans m'inquiéter
De mon dîner, de mon souper,
Car pour le gagner, j'ai mes dix doigts
 Et mon aiguille,
 Mon dé, mes ciseaux
Et du bon fil en échevaux;

Aussi, sans chagrin, soir et matin,
Toujours je chante,
Mon aiguille en main,
Mon gagne pain.

Quand un séducteur vante ma beauté, mon jeune
Mes cheveux bouclés, [âge,
Mes yeux bleus et mes petits pieds ;
Tous ces mots flatteurs,
Je les prends pour un badinage,
Paroles d'amant,
Autant en emporte le vent !
Dans, etc.

De me marier, vraiment je ne suis pas si folle,
Je n'ai que seize ans ;
De prendre un époux
J'ai le temps,
L'amour d'un mari, dit-on, dans moins d'un an
Quand il part, hélas ! [s'envole,
Adieu le bonheur ici-bas !
Dans, etc.

Si parfois l'ennui dans mon petit logis me gagne,
J'ai mon p'tit jardin
Pour me distraire et mon serin ;
Ce charmant oiseau,
Lorsque je chante il m'accompagne,
Ses gazouillements
Charment mon oreille et mes sens.
Dans, etc.

JE N'AI PLUS D'ARGENT.

Air : *Petit bouton d'or, ou l'homme sans pareil.*

A vous donner d' mes nouvelles,
Si je suis en retard,

C'est qu' j'eus des peines cruelles,
    Maman Léonard ;
Faut d'abord que je vous cite
    Qu'à mon régiment,
M' fallut graisser la marmite, *bis*.
    Et je n'ai plus d'argent.

Ce n'est pas que j'vous en d'mande,
    Mais, mon caporal,
Quand l'exercice il commande,
    Il n'est pas brutal ;
Pour payer tous les services
    Qu' chaque jour il me rend,
Faut que j' fass' des sacrifices,
    Et j' n'ai plus d'argent.

Avec plus d'un camarade,
    J' suis on n'peut pas mieux,
Mais c'est pas d' la limonade
    Qu'on boit avec eux ;
Souvent avec eux j' m'arrose
    L' gosier de vin blanc,
Mais faudrait que j' pay' queuq' chose,
    Et je n'ai plus d'argent.

De temps en temps j' suis malade,
    Jugez, quel malheur !
Il me prend, quand je suis d' garde,
    De grands maux de cœur ;
Je me guérirais sans doute,
    Ma bonne maman,
Si j'avais d'quoi boir' la goutte,
    Mais j' n'ai plus d'argent.

Ce n'est pas une carotte
    Que j' vas vous tirer,
Maman, ma pauvre capotte,
    J' viens de la déchirer ;

Comm' je n'ai rien à la masse,
J' s'rai puni, vraiment,
Si dans peu je n' la remplace,
Mais j' n'ai plus d'argent.

Si vous prenez à ma peine
Le moindre souci,
J' pourrai passer capitaine
Dans un an d'ici,
Ou bien général, peut-être,
De vous ça dépend,
Maman, si, dans votre lettre,
Vous mettez d' l'argent. VACHEROT.

LE CHEVEU BLANC.

Paroles de V. RABINEAU. — Musique de A. MARQUERIE.

La musique se trouve rue Rambuteau, 34. Prix : 20 c.

Berthe aujourd'hui se lève soucieuse;
Ai-je oublié le baiser du matin?
Ses longs cheveux, sous sa main gracieuse,
Ne sont-ils plus lisses comme un satin?
Elle pâlit en me montrant la glace,
Et sur mon front promène un doigt tremblant;
Que vois-je, ô ciel!... Je vois ce qui la glace,
Berthe a surpris mon premier cheveu blanc.

Fuyons soudain la coquette maîtresse
Dont si longtemps j'admirai la candeur;
L'ingrate sait que, dans ma folle ivresse,
Ce fil d'argent naquit de trop d'ardeur.
Ah! qu'il me soit un salutaire blâme;
Puisque mon cœur est encore brûlant,
Ménageons bien cette divine flamme;
Berthe a surpris mon premier cheveu

Combien de fois le serment le plus tendre
A-t-il caché l'égoïsme hideux?
En vieillissant notre âme doit s'étendre;
Jeune, on ne sait souvent aimer qu'à deux.
A mon cœur mûr l'amour est rebelle,
Je ne crains pas un vide désolant;
De l'amitié la part sera plus belle;
Berthe a surpris mon premier cheveu blanc.

Il me souvient de ces transports fébriles
Dont m'enivrait *la folle du logis*;
Illusions, croyances puériles,
M'ont fait verser des pleurs dont je rougis.
Ah! si j'adore encore quelque chimère,
Je veux chanter sous son temple croulant:
Plus on vieillit, moins la peine est amère;
Berthe a surpris mon premier cheveu blanc.

L'ABANDON.

Paroles de DURAND. — Musique d'Antonia TISSOT.

La musique se trouve chez DURAND, éditeur.
34, rue Rambuteau.

Prix, pour piano : 20 cent.

Ma mère, il est parti, parti celui que j'aime,
Pour une autre plus belle, il m'a fui pour toujours.
En me laissant en proie à mon amour extrême,
Il a brisé mon âme, empoisonné mes jours.
Je sens là dans mon cœur une douleur amère,
J'étais si fière, hélas! de l'amour de Julien!
Laissez couler mes pleurs, ma bonne et tendre mère,
Ah! laissez-moi pleurer (bis), pleurer fait tant de bien!

Combien il me trompait, quand d'une voix brûlante
Il jurait de m'aimer d'une éternelle ardeur,

Et moi, la joie au cœur, heureuse et confiante,
Près de lui, je faisais un rêve de bonheur.
Mais ce rêve chéri n'était qu'une chimère,
D'un tendre et pur amour, il brise le lien.
Laissez couler mes pleurs, ma bonne et tendre
Ah! laissez-moi pleurer (*bis*), pleurer fait tant de

Dans nos doux entretiens, son âme déloyale
Nourrissait des projets de vile ambition;
Je suis pauvre, ma mère, et riche est ma rivale,
Voilà tout le secret de son lâche abandon.
L'or ne lui donnera qu'un bonheur éphémère,
Trouvera-t-il un cœur tel que le mien?
Laissez couler mes pleurs, ma bonne et tendre mère,
Ah! laissez-moi pleurer (*bis*), pleurer fait tant de bien!

Adieu, rêves dorés, tissus de mille charmes,
Qui s'offraient à mes yeux sous de riches couleurs;
Désormais condamnée à répandre des larmes,
Dans mon cœur ulcéré faites place aux douleurs.
Ma mère bien-aimée, en vous seule j'espère,
Soyez dans mon malheur mon bon ange gardien.
Laissez couler mes pleurs, ma bonne et tendre mère,
Ah! laissez-moi pleurer (*bis*), pleurer fait tant de bien!

JEANNE, JEANNETTE ET JEANNETON.

Paroles de V. DRAPPIER. — Musique de A. MARQUERIE

La musique se trouve chez l'éditeur, rue Rambuteau, 34.

Prix, pour piano : 20 centimes.

Loin de votre humble maisonnette,
Que cherchez-vous, Jeanne, Jeannette,
Vous, les plus belles fleurs, dit-on,
Et du village et du canton?
Que cherchez-vous, Jeanne, Jeannette, } *bis*.
Loin de votre sœur Jeanneton?

Jeanne, par l'orgueil égarée,
Méprisant l'amour d'un vilain,
Cherche la tendresse dorée
D'un riche et galant châtelain;
Jeannette, que séduit la ville,
Cherche, dans un labeur servile,
L'or que lui promet la cité ;   bis.
Tandis qu'à son hameau fidèle,
Jeanneton ne cherche autour d'elle
Que Gros-Pierre et sa pauvreté.   bis.
Loin de votre humble maisonnette, etc.

Jeanne voit combler son envie,
Comme une reine elle a sa cour;
Le plaisir seul berce sa vie
Que devait seul remplir l'amour.
Joyeuse et piquante soubrette,
Plus d'un galant poursuit Jeannette,
Qui sourit, mais résiste encor;   bis.
Et Jeanneton, simple fermière,
Epouse au village Gros-Pierre
Qui n'a que ses bras pour trésor.   bis.
Loin de votre humble maisonnette, etc.

Mais Jeanne, autrefois si jolie,
Voit tout fuir avec sa beauté,
Le deuil succède à la folie,
Comme au luxe la pauvreté ; —
Déjà dans l'abîme où tout change,
Jeannette écoute une voix d'ange
Qui lui dit : Sœur, ouvre les yeux ! bis.
Et Jeanneton donne à Gros-Pierre
Un enfant qui dira : Ma mère !
Sans qu'ils en rougissent tous deux ! bis.
Loin de votre humble maisonnette, etc.

LA MÈRE ET L'OISEAU.

Paroles de E. Tissot.
Musique de Madame A. Tissot.

La musique se trouve chez l'éditeur, rue Rambuteau, 34.
Prix, pour piano : 20 cent.

Près de moi, viens, petit oiseau;
Du printemps messager fidèle,
Près de moi viens poser ton aile
Et gazouiller près du ruisseau.

De mon enfant aux doux yeux bleus
Tu charmes la vue attentive,
Il suit ton vol sur cette rive,
Ma présence le rend joyeux;
Ne crains rien, je suis une mère.
Méfiant petit voyageur,
Qui, pour son fils, avec prière,
Te demande un peu de bonheur.
Près de moi, viens petit oiseau, etc.

Es-tu déjà, petit oiseau,
Déjà passé par ce village?
Non, je le vois à ton plumage,
Tu viens de quitter ton berceau,
Ingrat! ta mère en ton absence,
Peut-être? à ton seul souvenir,
Pleure l'infortunée et pense
Que tu ne dois pas revenir.
Près de moi, viens petit oiseau, etc.

Pour la calmer, petit oiseau,
Retourne, crois-moi, vers ta mère,

Ton aile est encor trop légère,
Pour t'emporter loin du berceau.
Tu peux partir, dans ma demeure
Je vais rentrer jusqu'à demain;
Car mon enfant gémit et pleure;
Adieu, petit; à l'an prochain.

Et comme elle partait, l'oiseau
A ses avis, dit-on, fidèle,
Regagna vite à tire d'aile
L'églantier, son joli berceau.

TROIS AMOURS POUR UN COEUR.

Paroles de T. CHAUVELOT. — Musique de MARQUERIE.

La musique se trouve chez l'éditeur,
rue Rambuteau, 34.

Prix, pour piano : 20 cent.

Je ne crois pas encourir votre blâme,
Si je vous dis que j'aime éperdûment;
Aimer, d'ailleurs, est un besoin de l'âme,
Le cœur est faible et succombe aisément. *bis.*
Oui, de l'amour effeuillant la couronne,
Je me soumets à ses douces leçons,
Et, pour ma part, — que le ciel me pardonne!
J'aime d'amour trois fort jolis garçons!

L'un est parfait : — Teint rosé, frais visage,
De grands yeux bleus exprimant la bonté,
Et, dans les traits, ce charme du jeune âge
Qui se traduit par l'amabilité. *bis.*
Des cheveux blonds encadrent sa figure,
Avec cela, fine main, pied mignon;
Riche, en un mot, des dons de la nature, *bis.*
Il est, des trois, le plus joli garçon.

Un autre est brun. Parfois la rêverie
Sur son front blanc laisse un pli soucieux;
Mais, à ma voix, plus de mélancolie,
Il me sourit et redevient joyeux.   *bis.*
Pour le troisième, — oh! c'est ma joie intime!
Aussi Dieu sait si nous nous chérissons !...
En aimer trois n'est pas un bien grand crime, *bis*
Quand il s'agit d'aussi jolis garçons !

Grands dieux ! Voici qu'à présent je redoute
La médisance et son funeste effet...
Il me faut donc dissiper votre doute
En dévoilant de mon cœur le secret :   *bis.*
— Le sentiment dont mon âme est ravie
Est pur et saint, — tous nous le bénissons ! *bis.*
Car ceux qui font le bonheur de ma vie
Sont mes enfants, — trois amours de garçons.

ROSITA LA CASTILLANE.

Paroles d'Édouard Tissot.
Musique de Madame Antonia Tissot.

La musique se trouve chez Durand,   eur, 34, rue
Rambuteau.

Prix, pour piano : 20 cent.

Dans les Sierras de Castille,
Au village de Panola,
Sous ce ciel d'Espagne qui brille
Comme un regard de Manola,
Je vis, un soir, joyeuses fêtes;
Les Zingaras, sur leur tambour
Accompagné des castagnettes,
Récitaient un doux chant d'amour.
    Ah ! ah ! ah !
Car la reine de la montagne,
Rosita Lopès Diego,

La plus belle fille d'Espagne,
Allait choisir son hidalgo.
Ah! ah! ah! ah! ah! ah! ah! ah! ah! ah!

A l'amour de la Castillane
Aspiraient deux beau prétendants.
L'un d'eux n'avait qu'une cabane,
Il était pauvre et sans parents ;
L'autre avait et rang et fortune ;
On disait même qu'autrefois,
Du beau pays de Pampelune,
Ses aïeux étaient vice-rois,
    Ah ! ah ! ah !

Et l'on pensait dans la montagne
Que Rosa Lopès Diego,
La plus belle fille d'Espagne,
Le choisirait pour hidalgo.
Ah! ah! ah! ah! ah! ah! ah! ah! ah! ah!

Elle parut sous sa mantille,
Je viens, lui dit don Ribeira,
T'offrir, ma pauvre jeune fille,
Un tabouret à l'Alhambra
Et le plus beau nom de Castille.
— Moi, je vous aime et je n'ai rien,
Reprit le majo sans famille,
Je vous offre mon cœur pour bien.
    Ah ! ah ! ah !

Et la reine de la montagne,
Rosita Lopès Diego,
La plus belle fille d'Espagne,
Refusa le noble hidalgo.
Ah! ah! ah! ah! ah! ah! ah! ah! ah! ah!

PIÉTRO LE BANDIT.

Paroles d'E. Tissot.
Musique de Madame A. Tissot.

La musique se trouve chez l'éditeur, 32, rue Rambuteau.

Prix pour piano : 20 cent.

Piétro, voilà mon nom, j'habite les montagnes,
J'ai pour palais un trou dans le fond des Serras,
Et j'y suis plus puissant que le roi des Espagnes,
Car j'y suis, quand je veux, roi de vingt sénoras.

  Mais toujours en campagne,
  Je me ris de l'amour;
  Qu'il lasse nuit ou jour,
  A travers la montagne
  On me voit m'élancer,
  Puis, chasseur intrépide,
  Par un élan rapide
  Surprendre et terrasser,
  Surprendre et terrasser
  Le soldat qui m'y vient chasser.

Audacieux bandit, sans crainte et sans alarmes,
J'erre, sûr de rentrer dans mon trou tous les soirs,
J'ai, pour me protéger, de la poudre et des armes,
Puis, Gianina, ma sœur, mon doux ange aux yeux noirs.

  Car toujours en campagne,
  Je me ris de l'amour;
  Qu'il lasse nuit ou jour,
  A travers la montagne
  On me voit m'élancer,
  Puis, chasseur intrépide

Par un élan rapide
Surprendre et terrasser,
Surprendre et terrasser
Le soldat qui m'y vient chasser.

Je rôde sans frayeur autour des précipices,
Car lorsque de mes jours je dédaigne le soin,
J'entends de la Sierra les fantômes propices
Me crier tous : Arrête ! et ne va pas plus loin.

Oui, toujours en campagne,
Je me ris de l'amour ;
Qu'il fasse nuit ou jour,
A travers la montagne,
On me voit m'élancer,
Puis, chasseur intrépide,
Par un élan rapide
Surprendre et terrasser,
Surprendre et terrasser
Le soldat qui m'y vient chasser.

LA MÉSANGE.

Paroles d'Alex. Guenin.—Musiq. de L. Peuchot.

La musique se trouve chez Durand, 34, rue Rambuteau.

Prix : 20 cent. pour piano.

Votre sourire est un sourire d'ange,
Mais votre cœur est un cœur de lutin !
Quoi ! sans pitié, vous gardez la mésange
Qui sur vos pas vient s'abattre un matin !...
Dans une cage aux mignonnes tourelles,
Vous l'enfermez, c'est une trahison !...
Pour voltiger si Dieu lui fit des ailes,
C'est mal à vous de la mettre en prison.

Entendez-vous l'innocent caquetage
Du jeune oiseau pleurant sa liberté?
Lorsque du ciel lui vient son héritage,
Faut-il par vous qu'il soit déshérité?
Oh! non, vos mains si pures et si belles
Ne sauraient point distiller le poison :
Pour voltiger si Dieu lui fit des ailes,
C'est mal à vous de la mettre en prison.

Y songez-vous? votre jeune captive
Au bois sans doute avait quelques amours....
Voudriez-vous que, souffrante et plaintive,
Dans le veuvage elle passât ses jours?
Sur les rameaux comme sur les dentelles,
L'amour possède un merveilleux blason,
Pour voltiger si Dieu lui fit des ailes,
C'est mal à vous de la mettre en prison.

Cette mésange, hélas! peut être mère...
Et son absence au nid jette l'effroi.
N'augmentez pas la douleur trop amère
De ses petits qui pourraient avoir froid;
Pour réchauffer ces doux êtres si frêles,
Laissez-la fuir, regagner sa maison.
Pour voltiger si Dieu lui fit des ailes,
C'est mal à vous de la mettre en prison.

LA LOCOMOTIVE.

Paroles de V. RABINEAU. — Musique de A. MARQUERIE.

La musique se trouve chez l'éditeur, rue Rambuteau, 34.

Prix : 20 cent. pour piano.

Nautonnier, chante la gondole
Qui te berce sur le flot bleu ;

Moi je chante aussi mon idole,
C'est ma gondole au cœur de feu !
J'aime à te voir, maîtresse bien-aimée,
Ardent courrier des grandes nations,
Coquettement dérouler ta fumée
   En molles ondulations.

    O ma locomotive !
    Quand ton âme captive,
    En vapeur fugitive
      Sort de tes flancs
        Brûlants
    Tu pars, belle d'audace,
    Tu dévores l'espace
    Et ta colonne passe   *bis.*
      Comme l'éclair
        Dans l'air.

Le peuple qui t'aime, ô ma reine !
T'accueille par de longs bravos,
Et pour niveler ton arène,
Se voue à d'immenses travaux.
Une montagne orgueilleuse se lève,
Obstacle vain ! si l'art ne l'aplanit,
Ouvre sa base et plonge comme un glaive
   Dans ses entrailles de granit !

    O ma locomotive ! etc.

Victoire ! il n'est plus de distances
Tu renverses sur ton chemin
Les despotiques résistances
Où se heurtait le genre humain.
L'homme a compris ta mission féconde,

A ses faux-dieux il renonce, irrité;
Char du Progrès, vole et porte au vieux monde
La Paix, l'Amour, la Liberté!
O ma locomotive! etc.

LE CLOU.

Air des *Gueux*.

Le clou
Le clou,
Et toujours le clou, } *bis*
Quand on n'a pas l'sou,
Vive le clou!

Quoi! l'on n'a pas fait une ode
Pour célébrer tes bienfaits,
Institution commode
Où nous serrons nos effets!
Le clou, etc.

Quant à moi, chaque semaine,
Tu me tires d'embarras;
Cossu, je t'offre une chaîne,
Râpé, je t'offre mes draps.
Le clou, etc.

Mon cœur, pour ta bienfaisance,
Te voue un culte constant;
Toujours la reconnaissance
M'accompagne en te quittant.
Le clou, etc.

Il faut qu'au ciel on te triche,
Mon bon vieux saint Cloud, vois-tu,

Au lieu d'être le plus riche,
Tu n'es que le plus pointu.
  Le clou, etc.

Qu'on le trouve ou non futile,
Bien qu'il soit pourvu d'apprêt,
Ton secours nous est utile
Pour voir les maisons de *prêt*.
  Le clou, etc.

Te blâmer serait folie ;
A ton établissement
Le besoin des fois nous lie
Par plus d'un *engagement*
  Le clou, etc.

Sans t'inquiéter des vices,
Ta vertu nous apparaît ;
Plus tu nous rends de services
Plus on te porte *intérêt*.
  Le clou, etc.

Aujourd'hui de la débine
Le sceptre chez moi s'assied ;
Comme ma montre Lépine
Va me la tirer du pied.
  Le clou, etc.

Une montre est embêtante,
Un rien, et c'est dérangé...
Courons vite chez ma tante,
Je veux voir mon or logé.
  Le clou,
  Le clou,
 Oui toujours le clou ;
 Quand on n'a pas l'sou,
  Vive le clou !

LA PROMISE DU CONSCRIT.

Air : *D'où viens-tu, beau nuage !*

C'est trop verser de larmes,
Plus de lâches alarmes,
Mon promis vole aux armes,
Je veux suivre ses pas...
Fi d'une âme vulgaire !
Les horreurs de la guerre
Qui m'effrayaient naguère
Ne m'arrêteront pas.

En vain le canon gronde,
Quand mon cœur est charmé,
J'irais au bout du monde
Avec mon bien-aimé.

Le ciel nous favorise,
Une légère brise
Enfle la voile grise,
Partons en souriant;
Vivandière intrépide,
Sur le vaisseau rapide,
Je fends la mer limpide
Qui baigne l'Orient.

    En vain, etc.

Je crains peu qu'on m'enlève
L'objet de mon doux rêve,
Quoique leur chaude grève
Soit pleine de Péris.

Nous lutterons ensemble,
Que l'odalisque tremble !
Aucun œil ne ressemble
Aux yeux bleus de Paris.
  En vain, etc.

Si la balle traîtresse
T'arrache à ma tendresse,
Je meurs ta vengeresse,
Ami, j'en fais serment,
Sauvons notre mémoire,
La patrie et l'histoire
Ont des palmes de gloire
Pour chaque dévoûment.

En vain le canon gronde,
Quand mon cœur est charmé,
J'irais au bout du monde
Avec mon bien-aimé.
            Victor RABINEAU.

LA ROSE DES CHAMPS.

Paroles de L.-C. DURAND. — Musique de CELLINA.

La musique se trouve rue Rambuteau, 31.
Prix : 20 cent.

Voici venir les hirondelles
Qui nous ramènent les beaux jours ;
Loin du tracas fuyons comme elles,
Les champs respirent les amours.
Loin de Paris, le frais ombrage
Reverdit aux feux du printemps !

Je veux retourner au village
Respirer la rose des champs.

Adieu, cité, reine du monde,
Je fuis ton séjour enchanteur
Où le vice, à chaque seconde,
Nous ravit repos et bonheur :
Ton luxe, séduisant mirage,
Pervertit le cœur et les sens :
Je veux retourner au village
Respirer la rose des champs.

J'ai vu tes monuments superbes
Et j'ai regretté mon hameau,
Et ma chaumine dans les herbes
Au pied du verdoyant coteau.
Loin des grands, de leur entourage,
Nous vivons la, libres, contents :
Je veux retourner au village
Respirer la rose des champs.

Séduit par l'or, vaine chimère,
Aux champs j'ai laissé mes amours ;
J'ai fui les baisers de ma mère
Que je pleurs, hélas ! tous les jours.
Marie, aussi bonne que sage,
M'attend là-bas depuis longtemps :
Et je retourne à mon village
Respirer la rose des champs.

MON RÊVE D'OR.

Air : *Petit bouton d'or.*

Eloigné de ma patrie,
  Je vous vois toujours,

Toi d'abord, mère chérie,
 Et vous, mes amours;
Vos yeux de loin, sur la grève,
 Me cherchent encor...
Berce-moi toujours, mon rêve,
 Mon beau rêve d'or.

L'amitié, dont le doux zèle
 M'a servi souvent,
Me dit que mon nom chez elle
 Est encor vivant;
Ce mot que la brise enlève
 Vers moi prend l'essor...
Berce-moi toujours, mon rêve,
 Mon beau rêve d'or.

Le cœur de ma fiancée
 Qui battait pour moi,
A l'abri de ma pensée
 A placé sa foi;
Ce n'est pas la fille d'Eve
 Qu'un serpent endort...
Berce-moi toujours, mon rêve,
 Mon beau rêve d'or.

Nous allons sur l'herbe verte
 Pleins de gais désirs,
Les soirs où la danse ouverte
 Fait signe aux plaisirs;
Vénus avec nous se lève
 A l'heure où tout dort...
Berce-moi toujours, mon rêve,
 Mon beau rêve d'or.

Mère, sœurs, amis, amante,
 Je suis près de vous,

Chaque jour ma vie augmente
D'un jour calme et doux,
Dans l'avenir rien ne grève,
Mon divin trésor...
Berce-moi toujours, mon rêve,
Mon beau rêve d'or.

Trop vite, hélas ! je m'éveille,
Et, dans mon séjour,
Je revois comme la veille
Le désert, au jour ;
Mais à mes pleurs tu fais trêve,
Et jusqu'à la mort...
Berce-moi toujours mon rêve,
Mon beau rêve d'or.   DURAND.

LA FLEUR DU NORMAND.

Paroles de V. DRAPPIER. — Musique de A. MARQUERIE.

La musique se trouve chez DURAND, éditeur,
84, rue Rambuteau.

Prix : 20 cent.

Remarquez-vous sa sémillante allure,
Son teint de rose et ces fleurs des hameaux
Fraîche couronne ornant sa chevelure
Qui, sur son cou, retombe en longs anneaux ?
De purs attraits quel divin assemblage !
Quel air candide et quel regard charmant !
C'est la coquette, la coquette du village,
C'est la fleur (bis) du pays normand !

Quand le plaisir, sur les vertes pelouses,
L'appèle au son des tambourins joyeux ;
Reine, en dépit de rivales jalouses,
Chaque regard ne voit plus que ses yeux...

Ce doux pouvoir doit finir avec l'âge,
Sans lui laisser ni regrets, ni tourment...
C'est la coquette, la coquette du village,
C'est la fleur (bis) du pays normand!

Qu'un seul coup d'œil a fait tourner de têtes
Qu'un seul sourire a fait battre de cœurs;
Que de martyrs après tant de conquêtes,
Que de vaincus et jamais de vainqueurs!
Toujours rieuse, elle n'est point volage,
Car, sans amour, elle n'a point d'amant...
C'est la coquette, la coquette du village,
C'est la fleur (bis) du pays normand!

LE COUSIN DU BEAU NICOLAS.

Paroles d'Alexis DALÈS. — Musique de A. MARQUERIE.

La musique se trouve chez l'éditeur, rue Rambuteau, 34.

Prix : 20 cent.

Min doux Jésus! que j' sis godiche!
C'est au point que j' me r'connais plus,
A chaque instant je m' fais un' niche,
Je rabêtis de plus en plus;
De cett' infirmité qui m'afflige,
Chaqu' jour je r'ssentons les effets,
Si je savions que ça m' corrige,
Je m' flanquerais bien des soufflets!

Tiens, tiens, tiens, tiens donc, gross' bête!
Tiens, tiens, tiens, tiens mauvaise tête!
    Tiens, grand bêta,
    Ça t'apprendra
A rester aussi bêt' que ça;

Tiens, r'çois donc ça,
Tiens, grand bêta,
Ça t'apprendra
A rester bête comme ça ? *bis.*

Hier matin, dans le village,
Le tambour battait vivement;
D' la conscription c'était l' tirage;
Dans l' sac, j' mets la main lestement...
Mais voyez... un peu ma bêtise...
J' laisse au fond les chiffres heureux;
Et comme un s'rin j'ai la sottise
De pincer le numéro deux !

    Tiens, etc.

L'autre jour je rencontre Ursule,
J' veux lui dépeindre mon amour,
Au lieu d'avancer... je recule,
J'os' pas seul'ment lui dir' bonjour...
Pichu survient, près d'elle y s' place,
Il lui dit des mots amoureux;
Ça la fait rir', v'là qu'il l'embrasse...
Moi, j'ai filé sans l'ver les yeux.

    Tiens, etc.

J' veux que l' beau sesque m'idolâtre
Comme mon cousin, l' *beau Nicolas*,
Pour m'changer je m' battrai comme plâtre.
Cré nom! je n' me ménagerai pas...
S'il fallait qu'toujours ainsi j' vive,
J'aim'rais mieux ne plus m' fréquenter;
En attendant qu' l'esprit m'arrive,
J' m'en vas m' cogner et m' répéter :

    Tiens, etc.

LE PETIT BOUTON D'OR.

Paroles et musique de feu Alexandre PISTER.

La musique se trouve rue Rambuteau, 84. Prix : 20 cent.

Diamant de la prairie
   Et perle des champs,
Comme toi, douce Marie,
   Attends le printemps;
Le jeune enfant qui s'afflige
   Veut poser encor
Un doux baiser sur sa tige, } bis.
Petit bouton d'or.

La gentille bergerette,
   Exempte de pleurs,
Sur la Sainte-Vierge apprête
   Les plus belles fleurs,
Pour que les anges accueillent
   Ce pieux trésor,
Ses jolis doigts blancs te cueillent
Petit bouton d'or.

Quand tu vis sur une tombe,
   Je cherche, mortel,
Si, lorsque l'homme succombe,
   L'âme monte au ciel.
Mais rien qui puisse me dire
   Le secret du mort;
Peut-être peux-tu m'instruire,
Petit bouton d'or?

Fleurette, ta vie est belle,
   Crains-tu le chasseur?

Il épargne l'hirondelle
　De son plomb vainqueur;
Pour lui tous les dons de Flore
　Et le son du cor;
Pour toi les pleurs de l'Aurore,
　Petit bouton d'or.

Puis, dans les salons tu brilles
　Auprès d'une sœur,
Lise, pendant les quadrilles,
　T'attache à son cœur;
Au doux souffle de la brise,
　Quand chacun s'endort,
Tu meurs sur le sein de Lise,
　Petit bouton d'or.

NICOLAS LE PAUVRE GUEUX.

Paroles de C. GUERNE. — Musiq. de A. MARQUERIE.

La musique se trouve chez l'éditeur, rue Rambuteau, 84.

Prix : 20 cent. pour piano.

A la grange! adieu la feuillée!
Jeunes filles, jeunes garçons,
L'hiver ramène la veillée,
Ses légendes et ses chansons. *bis.*
Aux arbres le givre scintille;
Mais si le froid est rigoureux,
　L'âtre pétile　　　*bis.*
Et vous attend, troupe gentille, ⎫
Chez Nicolas le pauvre gueux. ⎬ *ter.*

Un jour le cri d'indépendance
Partit de la grande cité;
Nicole, au cri : Vive la France,
Combattit pour sa liberté,

Enfants, le pays peut de même
Offrir à vos cœurs généreux
   Un saint baptême,
Allez apprendre comme on l'aime
Chez Nicolas le pauvre gueux.

Lorsque déshérités de gloire,
Grâces à des hommes pervers,
On vit sur les bords de la Loire,
Nos soldats pleurer un revers.
Nicole n'avait que son chaume,
Et plus d'un proscrit malheureux,
   Dans le royaume,
De sa douleur trouva le baume
Chez Nicolas le pauvre gueux.

Courbé sous le faix des années,
Bientôt sa tâche va finir :
Heureux qui de ses destinées
Peut laisser pareil souvenir;
Pour tombe il n'aura point de pierre,
Mais des larmes dans tous les yeux,
   Au cimetière,
Serviront d'oraison dernière
A Nicolas le pauvre gueux.

LE DIMANCHE DU P'TIT PICHU.

Paroles de Durand. — Musique de Mme A. Tisson

La musique se trouve chez Durand, *éditeur,*
rue Rambuteau, 34.

Prix, pour piano : 20 cent.

Sapristi ! que j' suis content,
Aujourd'hui je suis d' la fête,

Aussi, j' men va fair' ma tête
Avec mes quinz' sous vaillant,
J'ai d' l'argent, j'ai d' l'argent.

J'ai travaillé comme un homme,
Toute la s'maine, sur ma foi,
L' patron qui m'aim'. Dieu sait ç
M'a dit : je suis content d' toi !
Comme c'est aujourd'hui dimanche
V'là quinze sous pour t'amuser,
J'ai passé ma chemis' blanche,
Après m'avoir fait friser. Sapristi, etc.

Moi, je n' connais pas d'obstacle,
Lès que j' veux fair' le flambant,
J' vas m'en aller au spectacle,
Au Nazar, p't-être au Funan ;
Puisque ma bourse est garnie,
J' peux bien me fair' des cadeaux ;
J' vas m' payer d' la sucrerie,
Et des fruits et des gâteaux. Sapristi, etc.

En sortant d'apprentissage,
Quand je saurai mon métier,
D' mon argent j' frai bon usage,
Afin de bien m'habiller ;
Je m' paierai pour ma toilette,
Un gilet couleur citron,
Des bott's, un' joli' casquette
Avec un habit marron.   Sapristi, etc.

Ouvrier, les camarades
M'admettront à leur écot,
Comme eux j' boirai des rasades,
Je m' régal'rai d' bon fricot ;

C'est alors que j' frai la noce,
Les dimanch's et les lundis,
Je m' frai rouler en carosse
De Pantin jusqu'à Paris. Sapristi, etc.

Qu'est-ce que j'vois? c'est un' pauvr' femme
Qui d'mande, et ses deux enfants
Sont pieds nus, ça me fend l'âme,
Ah! pour moi, plus d'amus'ments;
D' voir cette pauvr' femme qui mendie,
Les larmes me vienn'nt aux yeux,
Adieu gâteaux, comédie,
J'aim' bien mieux fair' trois heureux!
    Sapristi, etc.

CONSEILS A L'ENFANCE.

Paroles d'Eugène Petit.—Musique de A. T.

La musique se trouve rue Rambuteau, 34.

Prix : 20 cent.

Gentils enfants, l'ivresse — Vous caresse;
  L'âge d'or — Pour vous règne encor.

Autour de moi, dansez, chantez sans cesse,
L'été se prête à vos amusements.
Talent, grandeur, rien ne vaut la jeunesse;
A vous la joie, à l'homme les tourments.
    Gentils, etc.

Chaque matin, des fruits et du laitage
Sont préparés pour vos gais rendez-vous;
L'égalité vous en fait le partage,
L'égalité n'existe que pour vous.
    Gentils, etc.

Heureux enfants, votre cœur est sincère,
Éloignez-vous des êtres corrupteurs;
Comme l'hiver qui dévaste la terre,
Leur soufle impur viendrait faner vos fleurs.
      Gentils, etc.

Le faux plaisir est toujours mauvais guide,
Malheur à ceux qui suivent son flambeau!
Mais des vertus qui se fait un égide
Choisit le vrai, c'est l'image du beau.
      Gentils, etc.

Soyez humains, ne jetez pas l'outrage
A qui par vous cherche à se ranimer;
Souvenez-vous que l'on aime au vieil âge,
Et qu'à votre âge il faut se faire aimer.
      Gentils, etc.

Craignez le ciel, aimez qu'il vous seconde,
Pour les vieillards montrez-vous généreux;
Ne sont-ils pas les apôtres du monde?
Pour savoir vivre il faut devenir vieux.
      Gentils, etc.

Mais le jour baisse, enfants, pour la prière
Votre pasteur vous attend au saint lieu.
Adorer Dieu, c'est honorer son père,
Aimer son père est rendre hommage à Dieu.
      Gentils, etc.

LE POITRINAIRE.

Paroles de BAPTISTE. — Musique de Mme A. TISSOT.

Se trouve chez l'éditeur, rue Rambuteau, 34.

Prix : 20 cent. pour piano.

D'un doux rayon d'amour quand notre âme s'éclaire,
Partout à nos regards sans fin est l'horizon

Bienheureux d'adorer l'ange à qui l'on sait plaire,
Tout est rose avec lui, deuil, misère ou prison.
J'ai vu lever pour moi cette divine aurore,
Jusqu'au jour où la fièvre en arrêta le cours,
Et qu'à tes yeux, Louise, on calcula mes jours.
Poitrinaire, a-t-on dit, et frémissante encore,
Tu veux nous séparer, ô mes belles amours!

Le préjugé t'a dit que j'étais ridicule,
Et ton orgueil de femme alors s'est révolté,
Car du monde aujourd'hui pour braver la férule,
Pauvre malade, hélas! je n'ai plus ma gaîté.
Comment cacher mes traits que chaque jour colore
D'un reflet de ce mal qui rend vain tout secours.
A quel ange, mon Dieu, pourrais-je avoir recours?
La mort marque mon front, mais mon cœur bat encore.
Pourquoi nous séparer, ô mes belles amours!

Allons, n'hésite plus, que le monde l'emporte,
Il conserve pour toi des plaisirs et des fleurs;
Écarte les remords qui siègent à ta porte,
Et détourne les yeux pour ne pas voir mes pleurs.
Mais vous, doux souvenirs d'un bien qui s'évapore,
Fantômes d'un passé qu'on évoque toujours,
Venez à mon chevet faire asseoir mes beaux jours,
Pour pouvoir en mourant les regretter encore,
Il faut nous séparer, ô mes belles amours!

L'ANGE DE LA MANSARDE.

Paroles de V. DNAPPIER. — Musique de A. MARQUERIE.

La musique se trouve chez l'éditeur, rue Rambuteau, 34.

Prix, pour piano, 20 cent.

Ange inconnu de la mansarde,
Doux messager des jours meilleurs,
Je suis la seule sauvegarde,
L'ange gardien des travailleurs!

Ah, ah, ah !
Je suis l'ange de la mansarde;
Ah, ah, ah !
L'ange gardien des travailleurs !

Dès que le jour commence à naître,
Fauvette aux chants capricieux,
Je murmure à mainte fenêtre
Du réveil les airs gracieux;
Aussitôt un peuple d'abeilles
S'empresse d'emplir jusqu'au soir,
Ruches et cœurs, nids et corbeilles,
De miel, de moissons et d'espoir. *bis.*
Ah !

Ange, etc.

Lorsqu'aux heures laborieuses
Succède un repos mérité,
Ma voix prend des notes heureuses,
Mes yeux rayonnent la gaîté;
J'assiste aux repas des familles,
Et plus tard j'appelle, sans bruit,
Sur les têtes des jeunes filles
Des rêves dorés pour la nuit. *bis.*
Ah !

Ange, etc.

Sous la main de bien des misères,
Je fais éclore quelques fleurs ;
Je mets un grain d'or aux rosaires,
J'envoie un doux songe aux douleurs;
J'aime à bercer la peine amère
De ceux qu'ici nul ne défend,

Des enfants qui n'ont plus de mère,
Des mères qui n'ont plus d'enfant.   *bis.*
   Ah !
Ange, etc.

Mais surtout des attraits étranges,
Dont le faux éclat les séduit,
J'aime à garder de pauvres anges
Dans l'ombre d'un humble réduit ;
Qu'un rêve orgueilleux les enlève,
Près de l'abîme et de l'affront,
Ma voix leur parle et les relève
L'étoile de la vierge au front.   *bis.*
   Ah !
Ange, etc.

LE SONNEUR DE BAGNOLET.

Paroles et musique d'Halbert (d'Angers),
arrangée par A. Marquerie.

La musique se trouve rue Rambuteau, 34. Prix : 20 cent.

Puisque c'est fête au village,
Jour de joie et de bonheur
Qui rappelle son jeune âge
A votre bon vieux sonneur.
  Parlé :
De mon clocher à la danse,
Je vais donner l'aiguillon ;
Vous brûlez d'impatience ;
A moi, mon beau carillon !
  Parlé :
 Digue, din, don,
Digue, digue, din, don.   } *bis.*

Accourez tous, garçons et filles,
Le vin m'a rendu guilleret;
Je suis le doyen des bons drilles
Et sonneur de Bagnolet.

Bravo! Quatre moins jolies,
A mon premier dre lin din din,
Ont reçu des mains jolies
Comme au signal du crin crin.
Parlé :
En avant, puis en arrière,
Chaque dame et cavalier
Voltigent sans toucher terre;
C'est d'un effet singulier.
Parlé :
Digue, din, don, etc.

Deux à deux, changeant de place,
Chassant, tournant, déchassant;
J'ai peine à suivre leur trace;
Diable! c'est un pas glissant.
Parlé :
Tous, ils se font la poussette,
Tricotant maints rigodons;
Les dames font la chaînette;
Quels jolis p'tits pieds mignons!
Parlé :
Digue, din, don, etc.

L'ombre au tableau de la danse,
La maussade dos à dos
Veut qu'on se tourne et balance,
L'on retourne plus dispos.
Parlé :
N'allez pas perdre la tête

Dans cet amoureux ébat,
Sagement passez la fête,
Car voici la queu' du chat.
   Parlé :
  Digue, din, don, etc.

L'on a proscrit des quadrilles
Les entrechats du vieux temps,
Egratigneurs de chevilles
Et toujours par trop blessants.
   Parlé :
Honneur à la promenade,
L'on jase à ce pas charmant,
Les bras, les mains font l'arcade,
On s'embrasse en le faisant.
   Parlé :
  Digue, din, don, etc.

Le coude-pied droit, à gauche,
Passe en donnant l'air bancal;
Si sur lui l'autre chevauche,
Ce pas basque n'est pas mal.
   Parlé :
Qu'il est doux, près d'une belle,
L'amoureux pas de zéphir;
Vive encore la pastourelle,
Ce stimulant du plaisir.
   Parlé :
  Digue, din, don, etc.

La sémillante française
Dans la pirouette à deux,
Comme dans la chaîne anglaise,
A le pas voluptueux.

Parlé :
Mais, hélas ! mon bras se lasse,
Formez le galop final ;
Amis, ici-bas tout passe,
Il nous faut clore le bal.
Parlé :
Digue, din, don, etc.

TROP TOT VOUS GRANDIREZ.

Paroles de A. JOLLY. — Musique de A. MARQUERIE

La musique se trouve rue Rambuteau.

Prix : 10 cent.

Il me souvient de cet âge folâtre
Où nous étions encore petits enfants,
Frères et sœurs, assis autour de l'âtre,
Et demandant à Dieu d'avoir vingt ans.
Auprès de nous notre bon vieux grand-père
En soupirant nous disait : « Vous saurez
Combien la vie à notre âge est amère !...
Petits enfants, trop tôt vous grandirez. »

Il nous disait : ces temples, ces statues,
Ces marbres saints que vous voyez là-bas,
Ces Dieux, pour nous, idoles abattues,
Adorez-les de loin... n'approchez pas !...
En y touchant, tout marbre devient plâtre,
On rit alors des mots les plus sacrés...
Pour vous encor tous nos Dieux sont d'alb
Petits enfants, trop tôt vous grandirez

Des longs échos échappés de nos fêtes
Vous n'entendez que les joyeux ébats ;
Un faux éclat tourne vos jeunes têtes ;
Mais si l'on rit, on pleure aussi là-bas !...

Sautez longtemps sur vos parquets de mousse;
Dans nos salons par les arts décorés,
Sous chaque rose est un souci qui pousse,
Petits enfants, trop tôt vous grandirez.

Vous enviez déjà, petites filles,
De vos mamans les fleurs et les joyaux;
Mais ces bouquets qui vous rendraient gentilles
Sont sans odeur, et ces bijoux sont faux.
Pour l'amitié vous êtes assez belles!...
Toutes les fleurs dont vous vous entourez
Sont, comme vous, fraîches et naturelles:
Petits enfants, trop tôt vous grandirez.

Oui, voilà bien les avis tutélaires
Qu'un bon vieillard nous prescrivait tout bas;
Sages leçons, hélas! peu salutaires;
Avis auxquels, enfant, on ne croit pas.
Ah! maintenant qu'à l'enfance rieuse
Ont succédé ces vingt ans désirés,
Je dis, pleurant ma jeunesse envieuse:
Petits enfants, trop tôt vous grandirez.

LA MANSARDE.

Paroles de V. DRAPPIER. — Musique de A. MARQUERIE.

La musique se trouve chez DURAND, éditeur
rue Beaubourg, 24.

Prix : 20 cent.

Rose, voilà, — Oui, la voilà,
Ma pauvre mansarde — Que Dieu seul regarde,
Et qui vous dit : l'Amour est là!

Entrez sans peur, ma bien-aimée,
Dans mon séjour aérien,
Que votre tendresse alarmée
Se rassure et ne craigne rien;
Non, point de regret qui remplace
Ces doux instants de pur bonheur,
Votre amour même ici vous place
Sous la garde de mon honneur.
    Rose, voilà, etc.

Vous le voyez, plus d'un étage
Me sépare du sol bruyant,
La hauteur de mon ermitage
Ne l'a pas rendu plus brillant;
Mais, dans nos entretiens intimes,
Nous serons comme ces oiseaux
Dont les nids, aux plus hautes cimes,
Les gardent des plus fins réseaux!
    Rose, voilà, etc.

Mon mobilier n'est pas splendide,
Aucun luxe ne le revêt;
J'ai pour commode un coffre vide,
Un lit de sangle pour chevet.
Une chaise pour deux... que faire?
— Si l'amour met tout en commun,
En fait de siège je préfère,
Rose, avec vous n'en avoir qu'un.
    Rose, voilà, etc.

Vous voyez que j'ai peu de chose
Et vous pourrez bien me souffrir;
J'aurai voulu, ma brune Rose,
Un beau salon pour vous l'offrir.

Mais j'ai la gaîté qui m'assiste,
Trésor que Dieu m'a prodigué,
L'argent fait parfois le cœur triste,
On est riche quand on est gai.
    Rose, voilà, etc.

Notre hymen dont va sonner l'heure
A ses yeux doit voir tout changer,
Mon espoir n'est pas un vain leurre,
Que le vôtre soit sans danger.
A nos regards déjà tout change,
Mon grenier n'est plus un taudis ;
Rose, quand Dieu me donne un ange,
Ma mansarde est un paradis !
    Rose, voilà, etc.

LA CHANSON DU PASTEUR.

Paroles d'HALBERT (d'Angers).

Musique nouvelle de Mme Antonia Tissor.

La neige fond au loin sur les coteaux,
Le triste hiver a sonné la retraite ;
Et la cascade, enfin, n'est plus muette,
Entendez-vous, enfants, rouler ses eaux ?
Oui, tout renaît, reverdit, se colore ;
Du front des monts au penchant du vallon,
Là, chaque germe étant pressé d'éclore
Vient de briser son étroite prison,
C'est le retour de la belle saison.

    Lorsque le soir
    Sur le ciel noir;

La nuit développait ses voiles
Toutes scintillantes d'étoiles ;
De la nature alors contemplateur,
Ainsi chantait notre bon vieux pasteur,
Ainsi chantait le vieux pasteur.

Mes yeux charmés se remplissent de pleurs,
Mon cœur content se dilate et s'enflamme
A cet aspect, oh ! je sens que mon âme
Voudrait renaitre aussi comme les fleurs.
L'écho répond à cet oiseau qui chante
En préparant le duvet de son nid,
Puis au vieux pâtre, ici, l'herbe naissante
S'offre à nourrir son troupeau qui bondit,
Se dépouillant de son nouvel habit.
    Lorsque le soir, etc.

Connaissez-vous, vous qu'on dit non croyants,
Celui qui fait toutes ces grandes choses ;
Ces doux œillets, ces fraiches belles roses,
Que nous ramène aujourd'hui le printemps ?
C'est le Très Haut ! lui dont la main puissante
Séparant, seule, et la terre et les cieux,
Prit le soleil... vers la voûte éclatante,
Il le lança ! lui disant :-va, je veux
Qu'à mes enfants soient consacrés tes feux.
    Lorsque le soir, etc.

Dieu seul posa les fermes fondements
De cette terre où maintenant nous sommes ;
Il ne la fit que pour parquer les hommes :
Grands et petits, nous sommes ses enfants.
Du haut des cieux, au sol de la prairie,
Lorsque tout chante et redit ses bienfaits,
A tout, pour tous, ce père de la vie

Ne dispensa aux présents imparfaits,
Corrigez-vous de vos penchants mauvais.
　　　Lorsque le soir, etc.

En implorant la divine bonté,
Enfants, tendez la main à l'indigence
Mais, sans compter sur la reconnaissance,
Car c'est l'oubli qui fait la charité,
Cachez les doigts qui déposent l'obole
Dans cette main que tend un malheureux ;
L'adversité, déjà si rude école,
Ouvre une plaie au cœur nécessiteux
A qui l'on jette un secours vaniteux.
　　　Lorsque le soir, etc.

―――――――――――――

LES BATTEURS DE GERBES.

Paroles de V. DRAPPIER. — Musique de A. MARQUERIE.

La musique se trouve rue Rambuteau, 34.

Prix : 20 cent.

Amis (4 bis), les blés sont superbes,
Que l'épi n'en garde rien ;
Oh ! batteux, battons-les bien !
Compagnons, battons-les bien !
Compagnons (bis), les blés sont superbes,
Compagnons (bis), battons-les bien ! (ter)

Voilà la Saint-Jean passée ;
Le mois approche où, content,
Rêvant à sa tranche,
On va la gerbe battant,　　(bis).
De nos joyeuses phalanges,
L'aurore attend les chansons ;

Tous les batteux, dans les granges,
Font jaillir l'or des moissons !

Laissant les fleurs qu'on apporte
Aux gais batteux rassemblés,
A mon chapeau je ne porte
Que la fleurette des blés ; (*bis*)
La giroflée, humble et blanche,
Comme elle a de doux atours,
Et j'en choisis une branche
Pour donner à mes amours !
    Amis, etc.

Jamais, jamais endormie
Dans les plaisirs inconstants,
Ma pensée est à ma mie
En tout lieu comme en tout temps ; (*bis*)
J'envoie amour et missive
Par l'alouette au long vol,
Et sa réponse m'arrive
Dans le chant du rossignol !
    Amis, etc.

Elle ne sait pas écrire,
Et moi j'en sais tout autant !
Mais on lit sans savoir lire :
« Aime-moi, je t'aime tant ! » (*bis*)
La noce viendra sans peine,
Tous nos vœux seront comblés,
Devers la Toussaint prochaine...
Jusques-là battons les blés !
    Amis, etc.

LES PÊCHEURS ET L'ORAGE.

Paroles de V. Rabineau. — Musique de A. Marquerie.

La musique se trouve chez Durand, éditeur,
34, rue Rambuteau. — Prix, pour piano, 20 cent

Fuyons, pêcheurs, l'orage approche,
Voyez-vous l'effroi des oiseaux ?
L'alcyon regagnant sa roche
De son aile rase les eaux.
Sinistre appel de la tourmente,
La mouette aux cris déchirants
Tourne sur nous et se lamente
Comme un chant d'adieux aux mourants.
Pêcheurs, courage ! — Voici l'orage,
Loin du port — Pour nous c'est la mort !

Le vent redouble; adieu la vie !
Corps et biens, tous nous périssons.
L'Océan cruel nous envie
Des filets et quelques poissons.
O mer, si vous êtes avare,
Epargnez ce frêle bateau !
Il ne perte point sous sa barre
Les trésors du Sacramento. Pêcheurs, etc.

Pitié ! mon Dieu ! dans ta chapelle,
Que de cœurs s'élancent vers nous !
La famille en pleurs nous appelle
Et tremblante prie à genoux.
Malheur ! les lames sur l'arrière
Déferlent en flots mugissants ;
Les cieux sont sourds à la prière
Et les hommes sont impuissants ! Pêch

Il tonne, il pleut ; notre nacelle
Flotte au gré de l'onde et des airs ;
La nuit vient ; la vague étincelle
Au reflet des pâles éclairs.
O ciel ! que vois-je ?... Un brick de France !
Vite à nous, braves matelots ?
Vous apportez la délivrance ;
Les pêcheurs sont sauvés des flots.
  Pêcheurs, courage ! Pêcheur, etc.

LA CHANTEUSE DES RUES.

Paroles de RABINEAU. — Musique de A. MARQUERIE.

La musique se trouve rue Rambuteau, 34.

Prix : 20 cent.

Je suis la chanteuse des rues,
 La fauvette (bis) des carrefours :
A mes accords les foules accourues
  M'encouragent toujours. (Bis.)
Tour-à-tour grave, ou légère ou touchante,
  Je chante (Bis.)
La liberté (bis), la gloire et les amours. (Bis.)
  Ah ! ah ! ah ! etc.

Qui vient là-bas ? Une joyeuse troupe ;
Un peu de vin les a faits un peu fous.
Qu'autour de moi chacun de vous se groupe,
Gais travailleurs, j'ai des refrains pour vous.
  Faut-il, si la journée
  A table est terminée,
  Qu'en bruyante tournée,
  La chanson fasse loi ?
  Ecoutez-moi !
  Ecoutez-moi !

Jeune beauté, vous que sur son cœur presse
Celui qu'un jour vous voulez rendre heureux,
Je sais pour vous de ces chants de tendresse
Que vous demande un regard amoureux.
  En vain votre œil l'évite ;
  Quand sa voix vous invite,
  Votre cœur bat plus vite,
  Tremblant d'un doux émoi.
   Ecoutez-moi !
   Ecoutez-moi !   Je suis, etc.

Pour vous, soldats, j'ai des chants de victoire
Qui conduiront vos glaives acérés.
Désirez-vous apprendre notre histoire
Dans les frais par la gloire inspirés ?
  J'ai des pages entières
  De ces chansons altières
  Qui brisent aux frontières
  L'étranger mort d'effroi !
   Ecoutez-moi !
   Ecoutez-moi !   Je suis, etc.

N'EFFEUILLEZ PAS LES FLEURS.

Paroles de E. BAILLY. — Musique de J. HUNDEKAN.

La musique se trouve chez l'éditeur,
84, rue Rambuteau. — Prix : 20 cent.

Heureux enfants, vos tendres mères
Vous ont fait là de beaux bouquets,
Pourquoi de vos doigts téméraires
Briser des cadeaux si coquets ? bis
Ah ! si vous saviez reconnaitre

Ce qu'ils ont coûté de douleurs
  Avant de naître, *bis.*
Vous les respecteriez peut-être ;
Enfants, n'effeuillez pas les fleurs ! *bis.*

Le pauvre jardinier Guillaume
A leurs soins prodigua ses jours,
Et depuis à son toit de chaume
La mort l'a ravi pour toujours. *bis.*
Sur sa tombe, hélas ! délaissée,
Portez en l'arrosant de fleurs,
  Troupe empressée, *bis.*
La violette et la pensée ;
Enfants, n'effeuillez pas les fleurs ! *bis.*

Sous le voile de l'hyménée
Rose bientôt doit se ranger ;
Pour vous qu'elle lui soit donnée,
Cette belle fleur d'oranger. *bis.*
Que dit sur sa tige fleurie
Ce muguet aux vives couleurs ?
  Coquetterie ; *bis.*
Parez-vous-en, belle Marie.
Enfants, n'effeuillez pas les fleurs ! *bis.*

Votre sœur Irma l'ouvrière,
Qui chaque jour veille si tard,
N'a pas une fleur printanière
Pour poser son chaste regard. *bis.*
Que d'heureuses métamorphoses
Lui fassent croire aux jours meilleurs,
  Aux douces choses, *bis.*
Onrez-lui ces boutons de roses :
Enfants, n'effeuillez pas les fleurs. *bis.*

LES FANTOMES DU PASSÉ.

Air du *Cheveu blanc* (MARQUERIE).

Il est un âge où l'âme se recueille,
Où, loin du bruit, loin du monde moqueur,
A soixante ans l'homme avec joie accueille
Les souvenirs oubliés dans son cœur; [rare.
Amours, chagrins, pleurs nombreux, bonheur
Tout s'y confond, hélas! presque effacé;
La vie humaine est un livre bizarre...
Venez à moi, fantômes du passé!

Je te connais, ombre toujours chérie.
Ma mère, ô toi qui m'a manqué souvent!
Source d'amour que le temps a tarie,
Trésor perdu qu'on regrette en rêvant;
J'ai, loin de toi, suivi mainte chimère,
Et je m'arrête enfin, vieux et lassé;
La force échappe à qui n'a plus de mère...
Venez à moi, fantômes du passé!

Qui donc, es-tu, spectre couleur de rose
Qui me souris à qui me tends la main?
C'est toi, salut, Jeanne, Marie ou Rose,
Toi qui jadis suivais mon gai chemin;
Je te connais, quoique dans mon espace
Ton doux regard se soit vite éclipsé;
L'amour ressemble au feu follet qui passe...
Venez à moi, fantômes du passé!

Quel est ton nom, ô sylphide charmante,
Qui de mes maux veux prendre la moitié?

De mes chagrins ton chagrin qui s'augmente
Me dit tout bas qu'on te nomme Amitié !
Mon cœur jadis ne t'a point méconnue,
Tu m'as trahi, mais, quoique délaissé,
Heureux encor celui qui t'a connue...
Venez à moi, fantômes du passé !

Illusions, rêves d'or, brillants songes,
Vous entourez mon âme en désarroi,
L'heure a sonné de taire, ô gais mensonges !
A mes beaux jours un cortége de roi ;
Ne soyez pas le voyageur qui tombe,
Le parfum reste où vous avez passé ;
Il est encore des fleurs près de la tombe...
Venez à moi, fantômes du passé !   V. BLANCH.

GEORGES ET MARIE.

Air de *la Fleur des champs*.

Je vais partir, pauvre Marie,
Ton Georges demain est soldat ;
Fais par moi tu seras chérie,
Au plus fort même du combat.
La guerre à tous n'est par mortelle,
Que t'apporterai-je, vainqueur ?
— Rapporte-moi, répondit-elle,
Ami, rapporte-moi ton cœur !

Mon cœur est à toi sans nul doute ;
Malgré tous nos sanglants débats,
Mais il n'est rien que je redoute,
Je puis tout espérer là bas,
Si je te rapportais, ma belle,
Un jour quelque sabre d'honneur...
— Rapporte-moi, répondit-elle,
Ami, rapporte-moi ton cœur !

Comme un autre j'ai du courage,
Emule des guerriers fameux,
Ne puis-je, dans ces jours d'orage,
Sortir de la foule comme eux;
Et t'apporter, toujours fidèle,
Un grade acquis par ma valeur?...
— Rapporte-moi, répondit-elle,
Ami, rapporte-moi ton cœur!

Crois-moi, l'ambition, ma brune,
Ne peut en rien gêner l'amour,
Ne puis-je rêver la fortune
Afin de te l'offrir un jour?
Si je te la rapportais telle
Qu'on envirait notre bonheur?...
— Rapporte-moi, répondit-elle,
Ami, rapporte-moi ton cœur!

Georges partit plein d'espérance,
Hélas! pour ne plus revenir,
Marie, en sa longue souffrance,
Vit ses derniers rêves finir;
Dieu reprit son âme immortelle,
Mais en expirant de douleur,
Rapporte-moi, murmurait-elle,
Ami rapporte-moi ton cœur?

V. BLANCÉ.

LES SAUVETEURS.

Paroles de N. MOURET. — Musique de P. DUPONT.

Air du *Chant du soldat.*

Salut, honorables phalanges,
Quand les éléments destructeurs

Enlacent nos fils et nos sœurs,
Vous êtes leurs libérateurs,
Au ciel les vierges et les anges, les anges, les [anges,
Couronneront les sauveteurs.

Quand du beffroi le timbre pleure,
Quand tout tremble jusqu'au palmier
Le sauveteur de sa demeure
S'échappe toujours le premier;
L'Eternel verse dans son âme,
Amoureuse d'un beau trépas,
Un divin rayon de sa flamme;
Souvent il lui prête son bras.
    Salut, salut, etc.

Quand le phare de l'incendie
Dore le manteau du ciel bleu,
On applaudit la main hardie
Que lutte avec la poutre en feu;
Cette main ferme et généreuse
Qui brûle au foyer du malheur,
C'est la main noble et courageuse
De l'intrépide sauveteur.
    Salut, salut, etc.

Quand les flots, grossis par l'orage,
Emportent un nageur mourant,
Le sauveteur avec courage
S'élance au milieu du torrent,
Lorsqu'il reparaît sur l'abîme,
Son front pâle devient vermeil,
Si l'œil éteint de la victime
Sourit aux baisers du soleil.
    Salut, salut, etc.

Quand la mer fouette le rivage
Avec un linceul de géant,

Le sauveteur quitte la plage,
Et va combattre l'Océan;
Malgré les brisans, la nuit sombre,
Il vole d'écueil en écueil,
Les flancs d'un navire qui sombre
Souvent lui servent de cercueil.
    Salut, salut, etc.

La mort, ce terrible fantôme,
S'évanouit à leur aspect;
Dans les palais et sous le chaume,
On parle d'eux avec respect;
Sur l'airain où Clio burine,
Leurs noms vénérés sont inscrits;
Et près du cœur sur leur poitrine,
Leurs brillants travaux sont écrits.
    Salut, salut, etc.

Le sauveteur est équitable,
Aussi chez eux ils sont égaux,
On y voit à la même table
Des soldats et des généraux;
De l'honneur ils sont les apôtres,
Leurs corps compte plus d'un martyr,
Car pour sauver les jours des autres,
Ils sont toujours prêts à mourir.
    Salut, salut, etc.

LA PIPE.

Air de *la petite Margot*.

Vive la pipe! — Elle dissipe
Mélancolie, ennui, mauvaise humeur;
  Sur le cigare, — Je le déclare,
Elle a le pas aux yeux du vrai fumeur.

Amis, le Diable est-il dans votre bourse,
Quelque chagrin vient-il vous assaillir,
Pour vous distraire, il n'est qu'une ressource :
Fumez, fumez, voilà le vrai plaisir,
  C'est un remède
  Auquel tout cède,
Et rien n'égale mon bonheur
  Lorsque j'aspire
  Avec délire
Du *caporal* l'énergique saveur,

Quand sa fumée, ondoyante spirale,
En tournoyant s'élève vers les cieux,
Tout énivré du parfum qu'elle exhale
Je suis de l'œil son vol capricieux.
  Charme magique,
  Plaisir unique,
J'oublie alors ce que je suis ;
  Joie et tendresse,
  Bonheur, richesse,
Font de ma vie un charmant paradis.

Se ranimant aux quelques étincelles
Que son tabac laisse échapper soudain,
Le prisonnier rêve qu'il a des ailes,
Le malheureux rêve qu'il a du pain.
  L'exilé même,
  De ceux qu'il aime
Croit voir encor les traits chéris ;
  Douce influence,
  Pour lui l'absence
N'existe plus, il revoit ses amis

Un jour, la mort, cette affreuse camarde,
viendra s'asseoir au chevet de mon lit,

Le cœur tranquille, en fumant ma bouffarde
Je veux narguer son museau décrépit.
   Et que m'importe !
   Qu'elle m'emporte,
  Je suis prêt à sauter le pas,
   Si d'aventure
   Elle m'assure
Qu'on peut là-haut fumer comme ici-bas.

Vous qui tombez du char de la fortune,
Spéculateurs, ambitieux déçus,
Amants trompés par la blonde ou la brune,
Vous candidats, qui n'êtes pas élus ;
   Allons, courage,
   Faites usage
  De ce topique souverain.
   Plus de tristesse,
   Fumez sans cesse,
Fumez encore et chantez mon refrain :

  Vive la pipe ! — Elle dissipe
Mélancolie, ennui, mauvaise humeur ;
 Sur le cigare, — Je le déclare,
Elle a le pas aux yeux du vrai fumeur.
        BOREL.

PAUVRE PETIT, PRENDS GARDE A TOI.

Paroles de Ph. LEROY. — Musique de A. MARQUERIE.

La musique se trouve chez l'éditeur, rue Rambuteau, 34.

Prix, pour piano : 20 cent.

Pauvre petit ! sur cette terre,
Au moment d'égarer tes pas,
Ecoute un avis salutaire
A tout voyageur ici-bas :

Parmi tant de mortels fragiles,
Où chacun n'agit que pour soi,
Les chemins sont bien difficiles ;
Pauvre petit ! (*bis*; prends garde à toi. | *bis.*

Fatigué des jeux de l'enfance,
Fatigué d'innocents plaisirs,
Aux jours de ton adolescence
Tu formeras d'autres désirs
Ou l'amour avec ses alarmes
A ton cœur dictera sa loi ;
Il fait répandre bien des larmes...
Pauvre petit ! (*bis*) prends garde à toi.

Pour bien vivre dans ce bas monde,
Il suffit d'être vertueux ;
Mais le vice, à chaque seconde,
Séduit l'être voluptueux.
Au vice aisément on s'attache,
Les yeux l'observent sans effroi ;
Sous les fleurs le serpent se cache...
Pauvre petit ! (*bis*) prends garde à toi.

Si tu veux vivre dans l'histoire,
Affronte chagrins et douleurs ;
Le sentier qui mène à la gloire
N'est pas toujours bordé de fleurs ;
Bien souvent le front du génie,
Flétri par la mauvaise foi,
Tombe au vent de la calomnie,
Pauvre petit ! (*bis*) prends garde à toi.

La vie est à peine essayée
Qu'à Dieu nous payons un tribut ;

Pour nous sur la route frayée
Le destin a marqué le but.
Alors l'existence succombe,
Enfant ou vieillard, pâtre ou roi,
Tout homme appartient à la tombe...
Pauvre petit ! (*bis*) prends garde à toi.

LES FILLES DE MARBRE.

Paroles de V. DRAPPIER.— Musique de A. MARQUERIE.

La musique se trouve chez l'éditeur, rue Rambuteau, 34.

Prix : 20 cent.

Jetez les yeux dans leur riche voiture,
Sur ces beautés provoquant mille égards,
Chez la Phryné que le vice sature,
C'est Aspasie aux lubriques regards.
Reines du jour, on vous fête, on vous place
Sur les velours d'un merveilleux trépied...
Filles de marbre, arrière, et faites place
A la vertu qui passe et marche à pied !

Aux sentiments les plus sacrés rebelles
Vous promenez partout votre œil vainqueur,
C'est le démon qui vous forma si belles,
En oubliant de vous donner un cœur !
Ce don du ciel qui manque à votre race,
Vous rend sans crainte et vous fait sans pitié...
Filles de marbre, arrière, et faites place
A la vertu qui passe et marche à pied !

Quand vous frôlez, d'hermine revêtues,
La pauvreté qui suit de durs sillons,

De la débauche inflexibles statues
Vous outragez la sagesse en haillons;
De ses longs jours dont se rit votre audace,
L'or d'un souper nourrirait la moitié...
Filles de marbre, arrière, et faites place
A la vertu qui passe et marche à pied !

Nous avons vu de pauvres jeunes filles,
Grâce à vos soins, bientôt, anges déchus,
A qui plus tard, désolant leurs familles,
Le désespoir et la mort sont échus...
Du vice heureux, parfumé, plein de grâce,
L'attrait fatal en a par trop souillé...
Filles de marbre, arrière, et faites place
A la vertu qui passe et marche à pied !

Séduit par vous, plus d'un enfant prodigue
Entre vos bras rêve en vain le bonheur,
Et met la main sur la dernière digue
Qui contre vous protégeait son honneur;
Que vous importe! un autre le remplace,
Un soir d'orgie, et tout est oublié...
Filles de marbre, arrière, et faites place
A la vertu qui passe et marche à pied !

Oui, votre règne a fait trop de victimes,
Rome et Paris ont trop doré vos jours ;
Oui, le mépris va creuser les abîmes
Où vous allez descendre pour toujours...
Vous tomberez comme tombe et s'efface
Un bijou faux qu'on a bientôt broyé...
Filles de marbre, arrière, et faites place
A la vertu qui passe et marche à pied !

GARDEZ BIEN VOS FLEURS.

Air : *Petit Bouton d'or*.

Jeunes filles si joyeuses,
   Dont les jolis doigts
Font, parmi les fleurs soyeuses,
   Si vite un doux choix ;
Ménagez, à peine écloses,
   Leurs tendres couleurs...
Un souffle ternit les roses,
   Gardez bien vos fleurs.

Je suis vieux, ma tête est blanche,
   Mes pas sont pesants,
Mais croyez, quand mon corps penche,
   Mes quatre-vings ans;
Les bouquets que l'on effeuille
   Font couler des pleurs...
La vie est dans chaque feuille;
   Gardez bien vos fleurs

Gardez ces roses qu'on aime;
   Qui viennent de Dieu,
Sans jamais hâter vous-même
   L'heure de l'adieu;
Il est pour les beautés frêles
   De tristes pâleurs...
Ah! pour vous comme pour elles,
   Gardez bien vos fleurs.

Vous êtes, cœurs diaphanes,
   Sans vouloir faillir,
Des fleurs que des mains profanes
   Voudraient bien cueillir;

Puissent de vous mes paroles
　Chasser les douleurs...
L'Amour dort dans vos corolles!
　Gardez bien vos fleurs.

Il leur faut les purs royaumes
　Des airs et des champs,
N'exposez pas leurs arômes
　A l'or des méchants;
Repoussez, toujours rebelles,
　Ces fiers recéleurs...
La pudeur vous rend plus belles,
　Gardez bien vos fleurs.

Le Temps, sans qu'on le redoute,
　Sous vos gais abris,
Un jour en prendra sans doute
　Les derniers débris;
Pour que loin d'être funeste,
　Il soit sans malheur,
Pour que leur parfum vous reste!
　Gardez bien vos fleurs.　　V. BLANGÉ.

BIENHEUREUX QU'A L'OEIL.

Air : *Voilà la manière de vivre cent ans.*

　Tout le monde chante,
Soit bien ou mal,
Refrain qui contente
N'a pas son égal,
　Sur un chant joyeux,
Quand, parfois, ma muse s'escrime,
　La raison, messieurs,
Y fait souvent place à la rime...

Et quoi que l'on fasse
Aux miens bon accueil,
Sur le Mont Parnasse
Bien heureux qu'a l'œil!

En vidant son verre
Oublier ses maux,
C'est être sur terre
Heureux sans rivaux.
Mais on use, hélas!
Bien vite son or et son cuivre;
Et tous, ici-bas,
Devons d'abord payer pour vivre.

Après la lichance,
Ma bourse est en deuil,
Pour faire bombance
Bien heureux qu'a l'œil.

Autrefois, les belles
Ont en mon printemps,
Eté bien rebelles
A mes doux accents.
De payer ma foi,
Je ne fis jamais la sottise;
L'amour, selon moi,
Ce n'est pas une marchandise...

Car des amourettes
L'argent est l'écueil,
Et près des fillettes
Bien heureux qu'a l'œil.

Souvent, quand un frère,
En manquant de pain,
Tend sa main sincère
A tout bon humain;

Pour le rendre heureux
En le sauvant de la misère,
Qui n'a que des vœux,
En éprouve une peine amère.

Ah! pour que l'on puisse
Sans bruit, sans orgueil,
Lui rendre service,
Bien heureux qu'a l'œil.

Lorsque la femelle,
Qui file toujours,
Coupe la ficelle
Qui suspend nos jours.
Il nous faut payer,
Pour faire enfin le grand voyage,
Suisse, marguillier,
Corbillard, tenture, attelage...

Mais quand, par mégarde,
On boit son cercueil,
Près de la camarde
Bien heureux qu'a l'œil.

J. GOILEY.

LE LUTIN DE LA MANSARDE.

Air de la *Poudre de Perlimpinpin* (Marquerie).

Sous mes lambris, joyeux lutin
Narguant et l'or et le satin,
Rire le soir et le matin,
Rire toujours c'est mon destin.

Sous mes lambris, joyeux lutin,
Rire toujours, rire le soir et le matin.
Sous mes lambris, joyeux lutin,
Rire toujours c'est mon destin.

  Que ma vie
  Fasse envie
D'un travail de chaque instant,
  Me contentant;
  Ma chambrette,
  Guillerette,
Pour moi vaut mieux qu'un manoir,
  Noir!
Que peut me faire le bien-être,
La mode et ses pompeux réseaux;
Lorsque je vois par ma fenêtre
Le ciel, mes fleurs et des oiseaux.
 Sous mes, etc.

  Que de belles
  Peu rebelles,
Se perdent sans réfléchir
  Pour s'enrichir;
  Moins altière,
  En rentière,
J'eus pour vivre désormais;
  Mais!
Si la richesse est opportune,
J'estime autant sa pauvreté;
N'ai-je pas aussi pour fortune
Mon innocence et ma... gaîté!
 Sous mes, etc.

  Qu'en mon gîte
  L'air agite

Les échos d'un son plaintif,
Venu craintif,
Lent du reste
Mon œil preste
Sonde ma poche aussitôt;
Tôt!
Mon dernier sou s'en va d'urgence
Dans la main du pauvre glaneur;
Faire l'aumône à l'indigence,
N'est-ce pas encore du bonheur?
Sous mes, etc.

Rigolette,
Mais drôlette,
Repoussant les amoureux
Aventureux;
Dominée
L'hyménée
Suivant moi se concevrait,
Vrai!
Pour me payer de ma constance,
Fi d'un adjoint sévère ou faux;
Pour partager mes... défauts.
Sous mes, etc.

FIN

www.ingramcontent.com/pod-product-compliance
Lightning Source LLC
LaVergne TN
LVHW051508090426
835512LV00010B/2419